VOYAGE EN EUROPE
LIVRE DE COLORIAGE

CE LIVRE APPARTIENT À

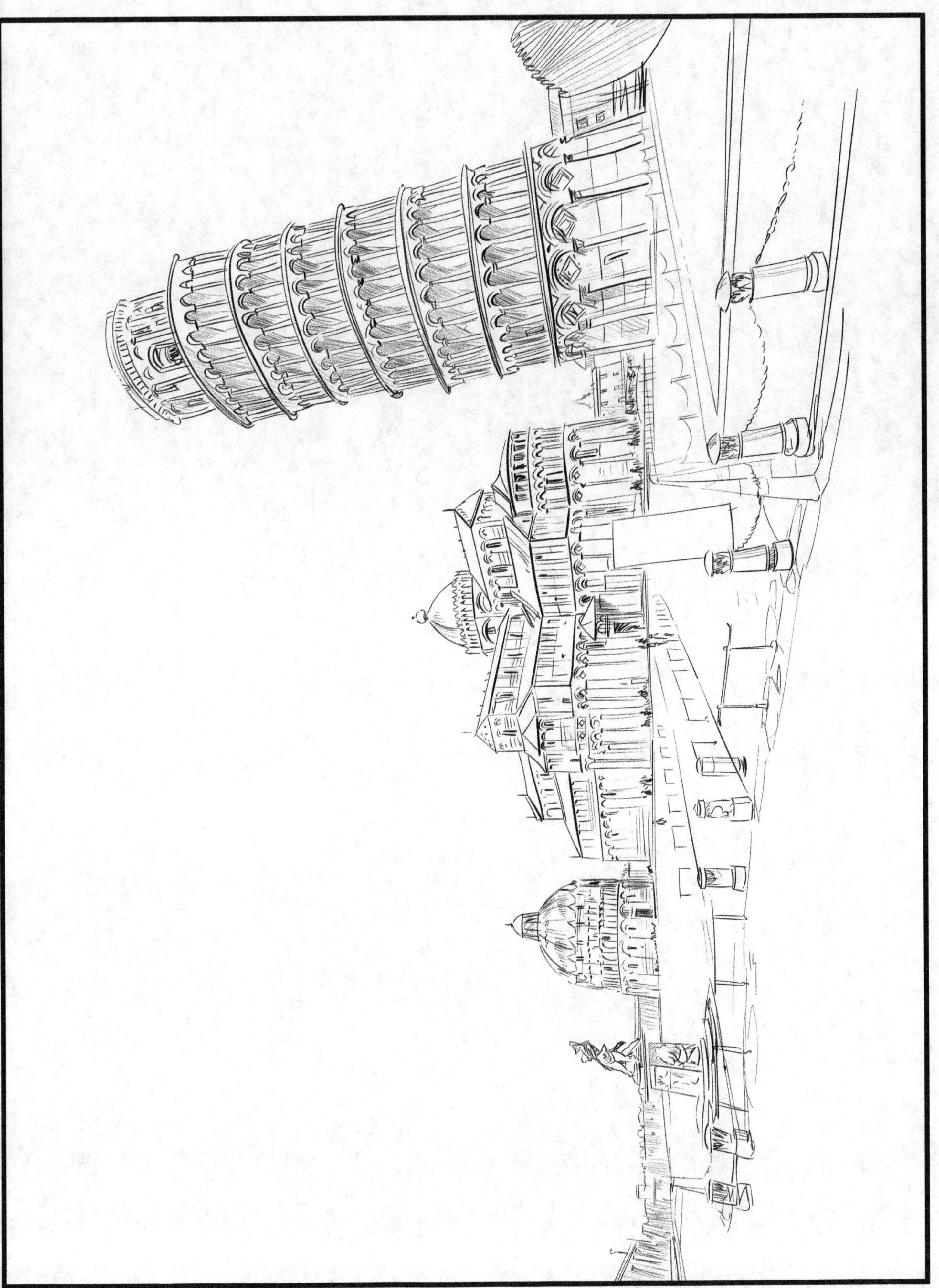

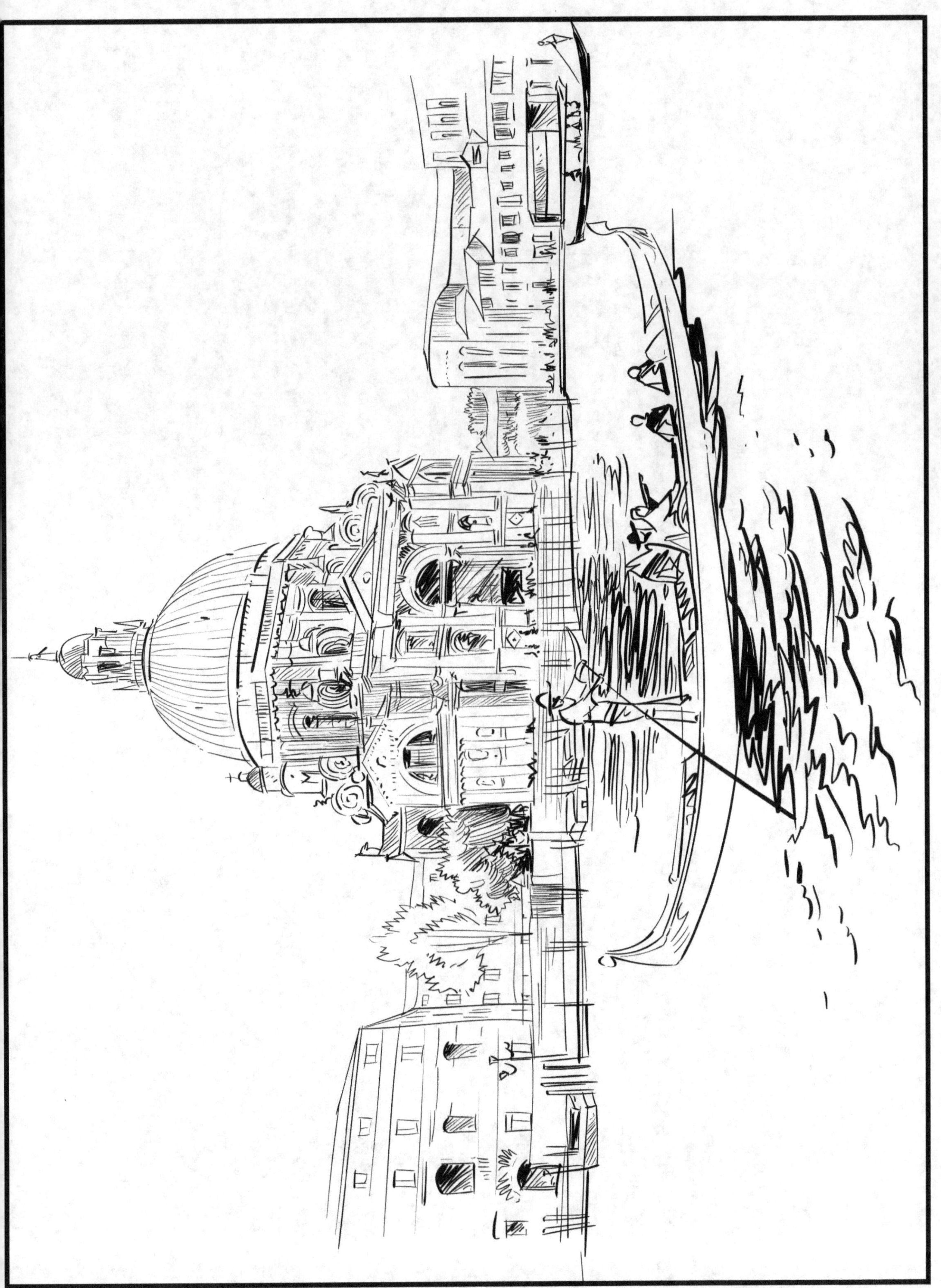

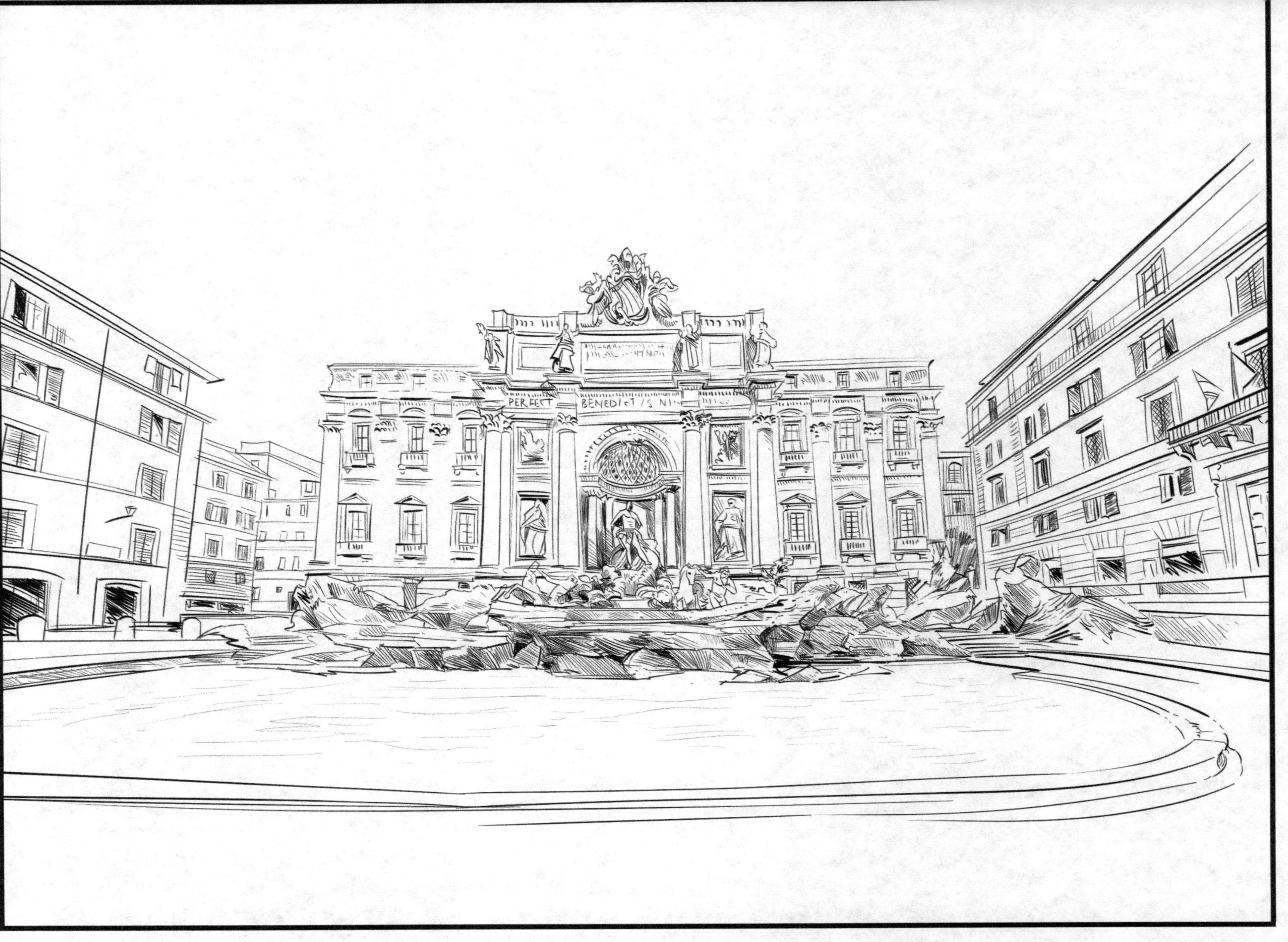
PER FECT   BENEDICTVS NI

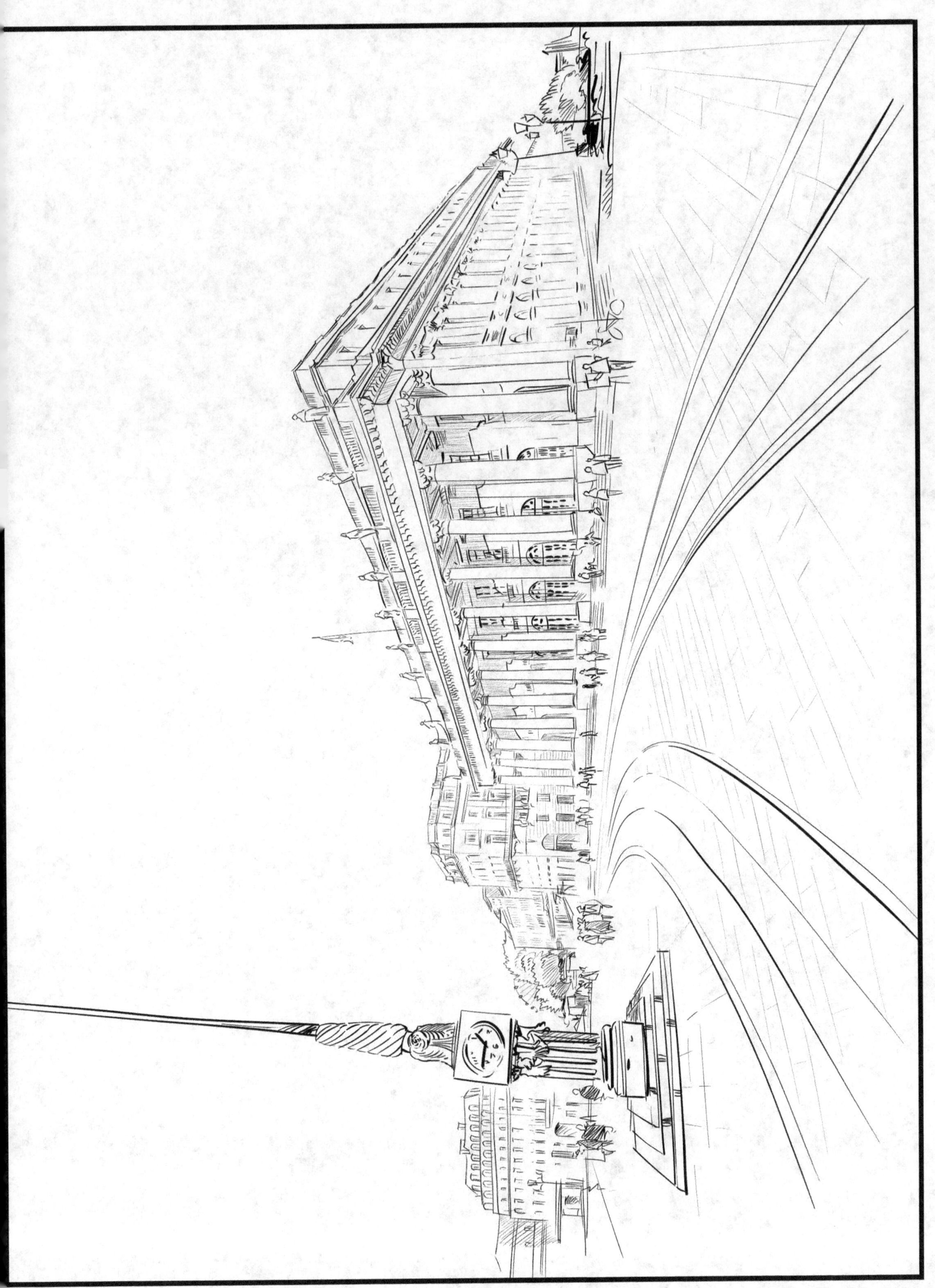

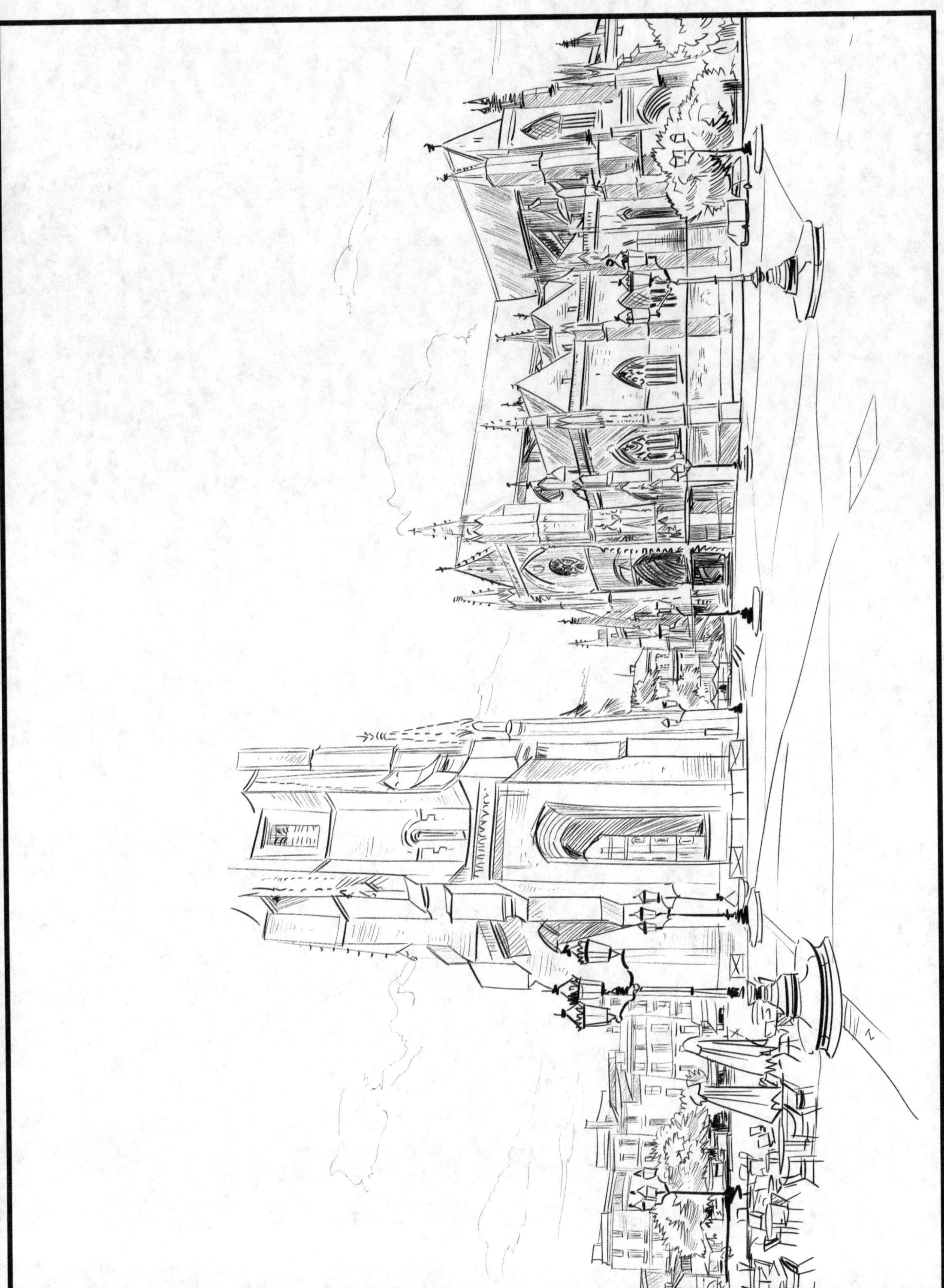

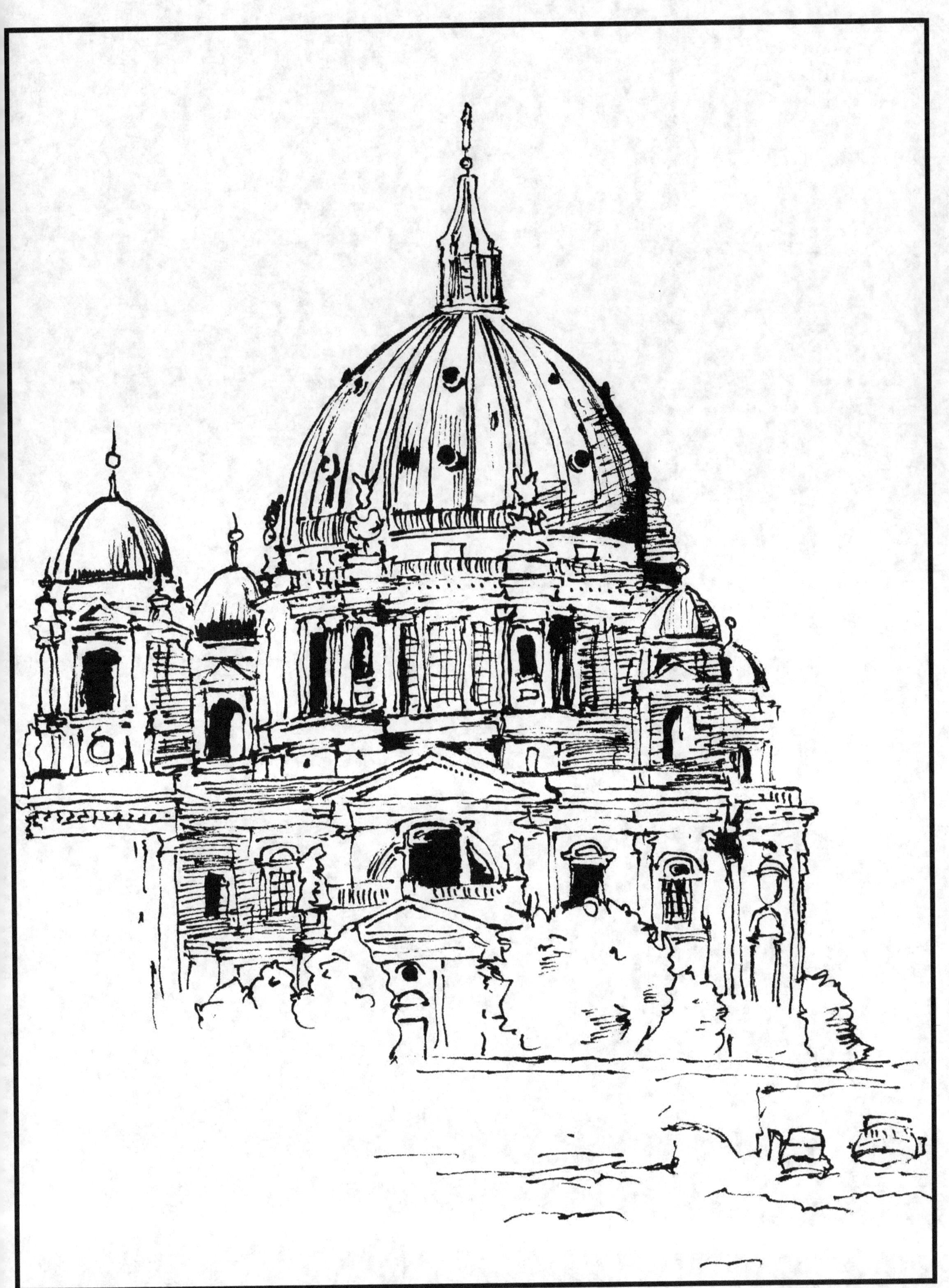

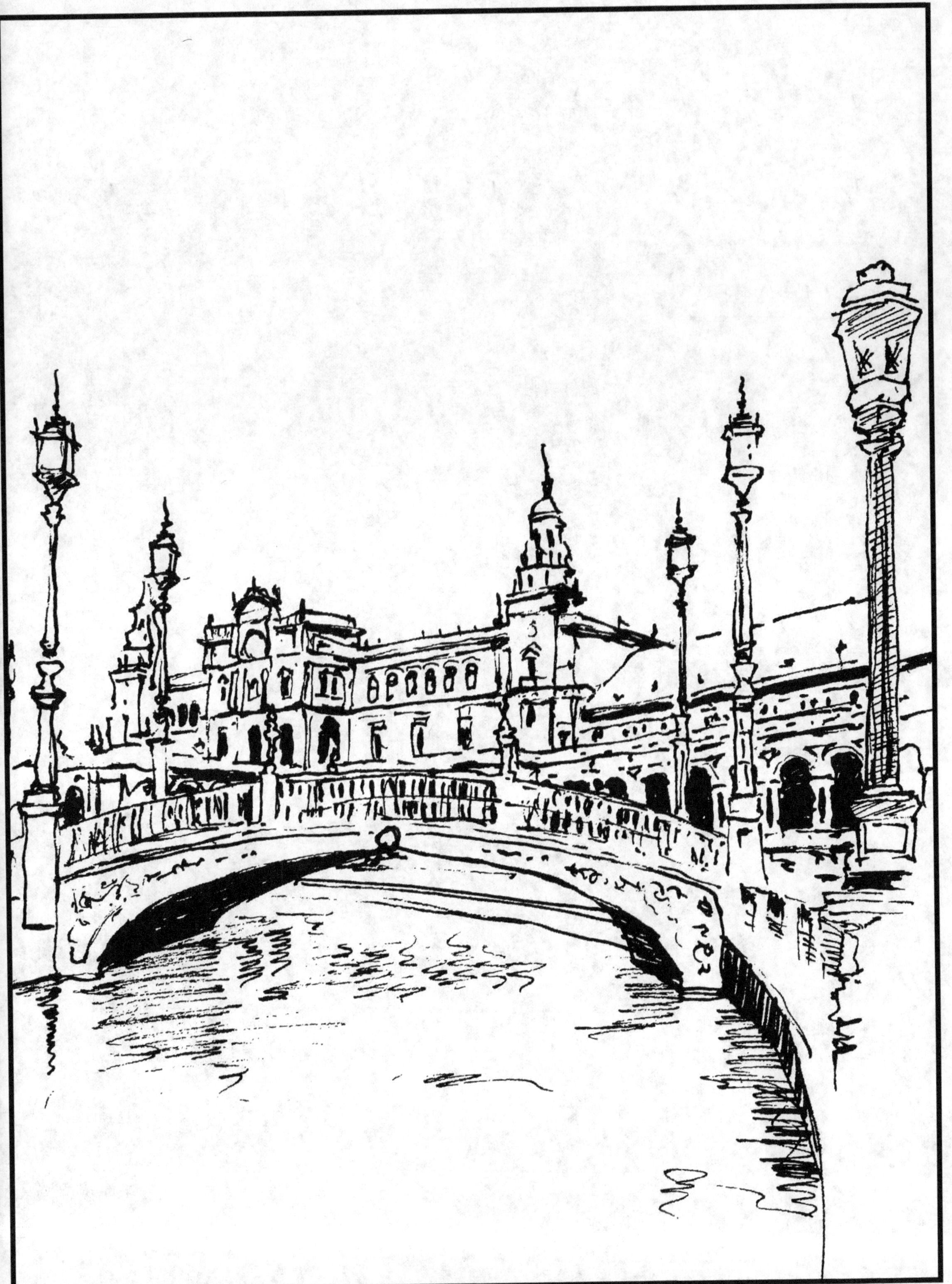

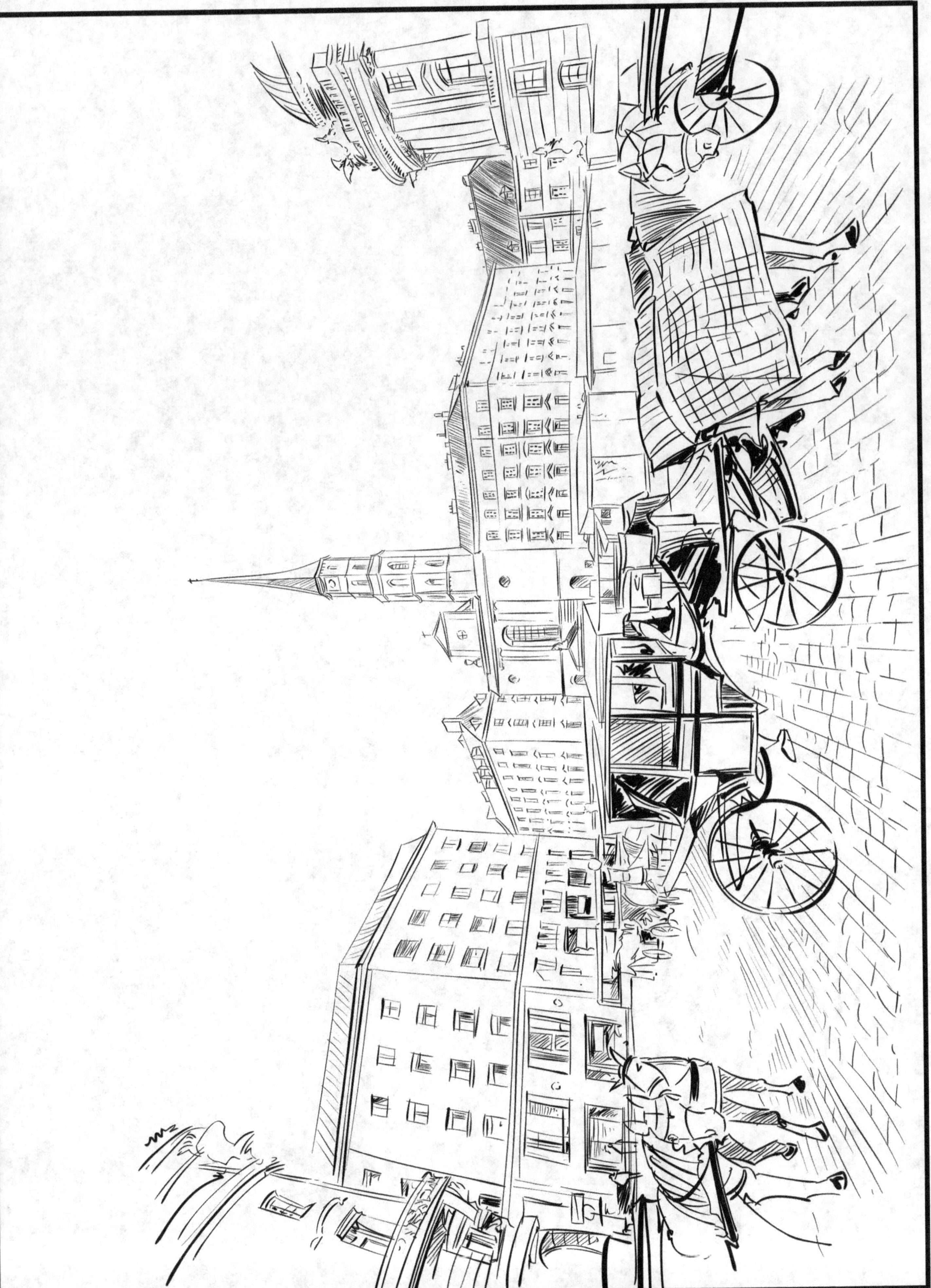

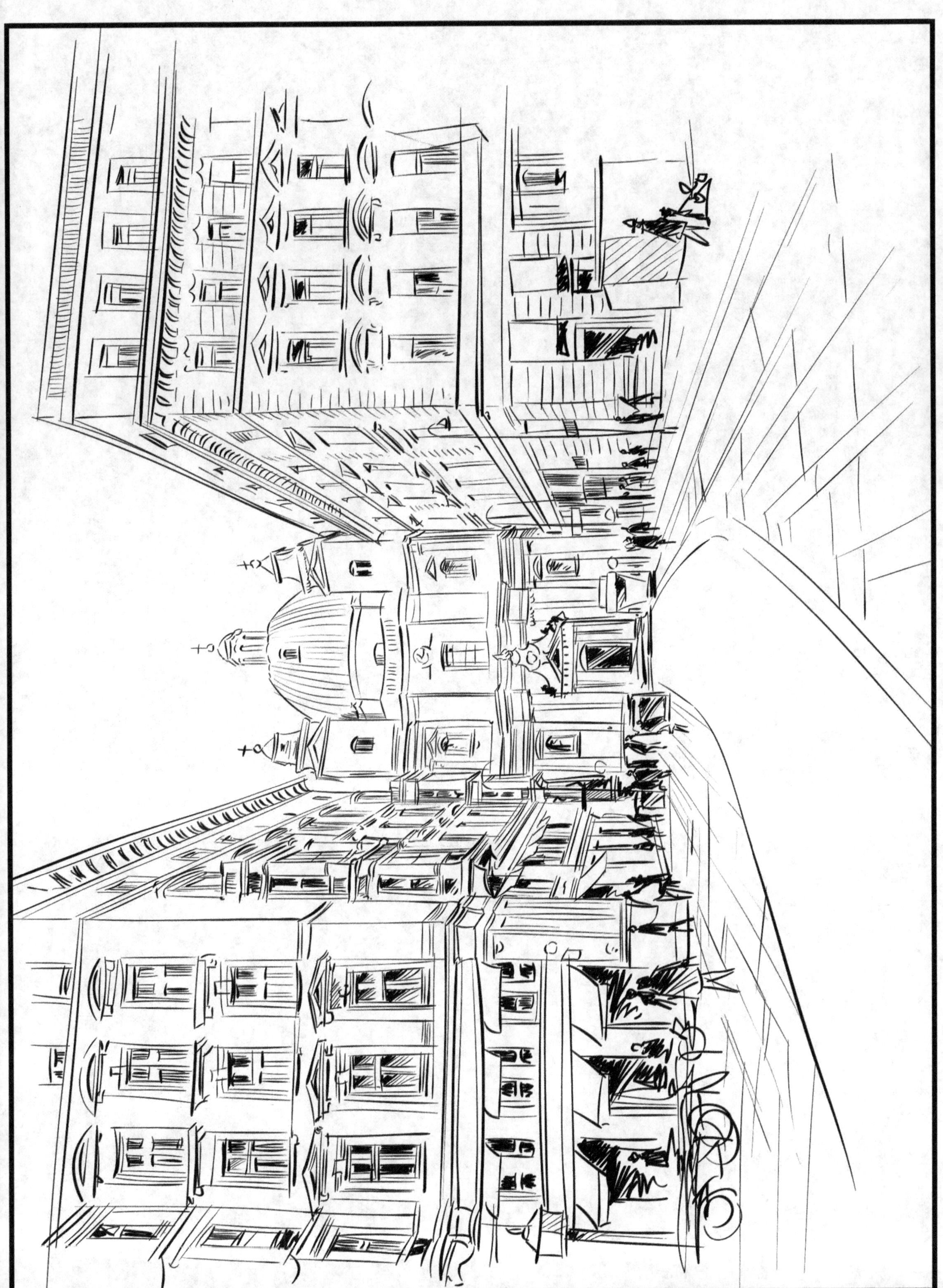

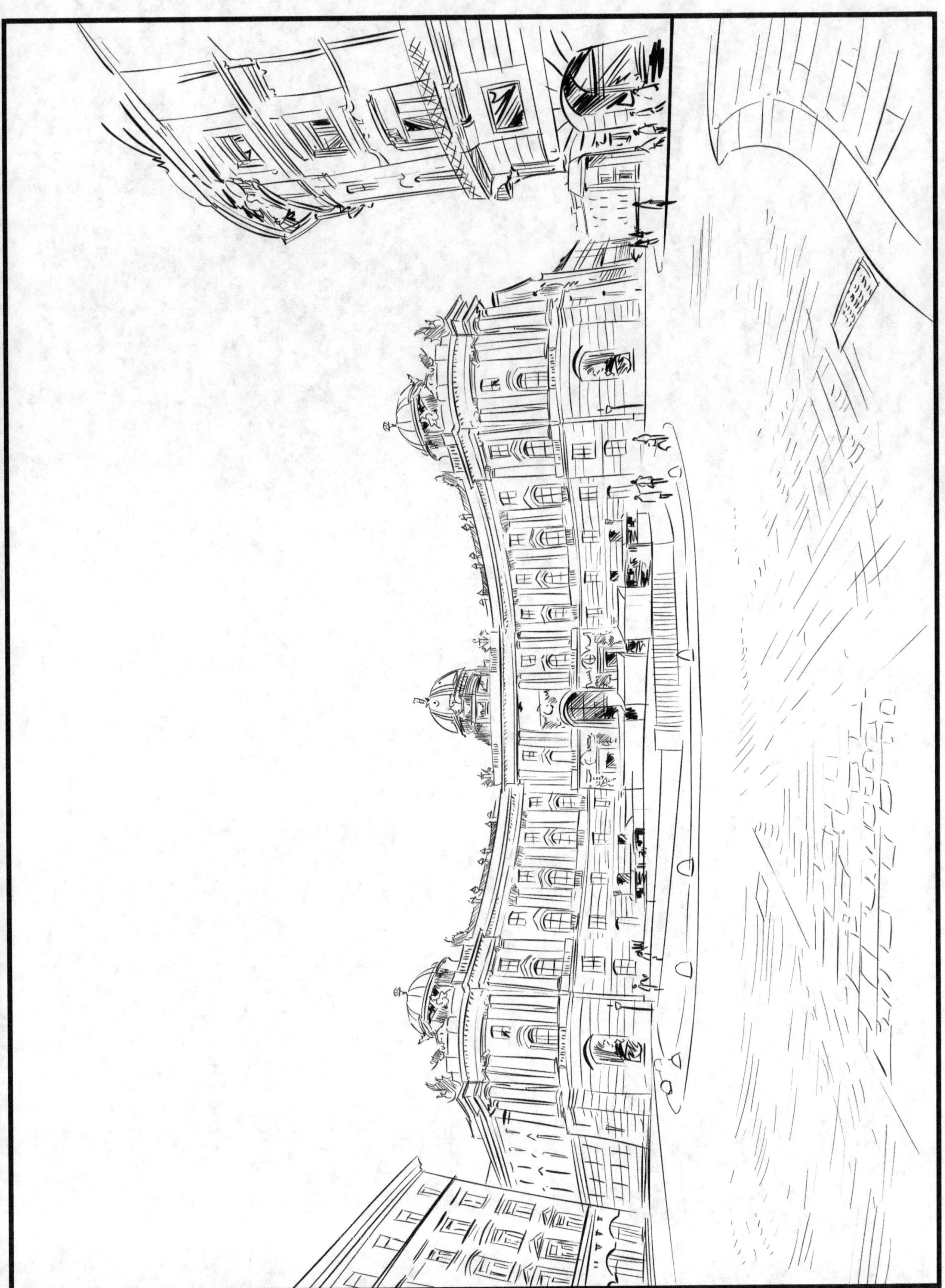

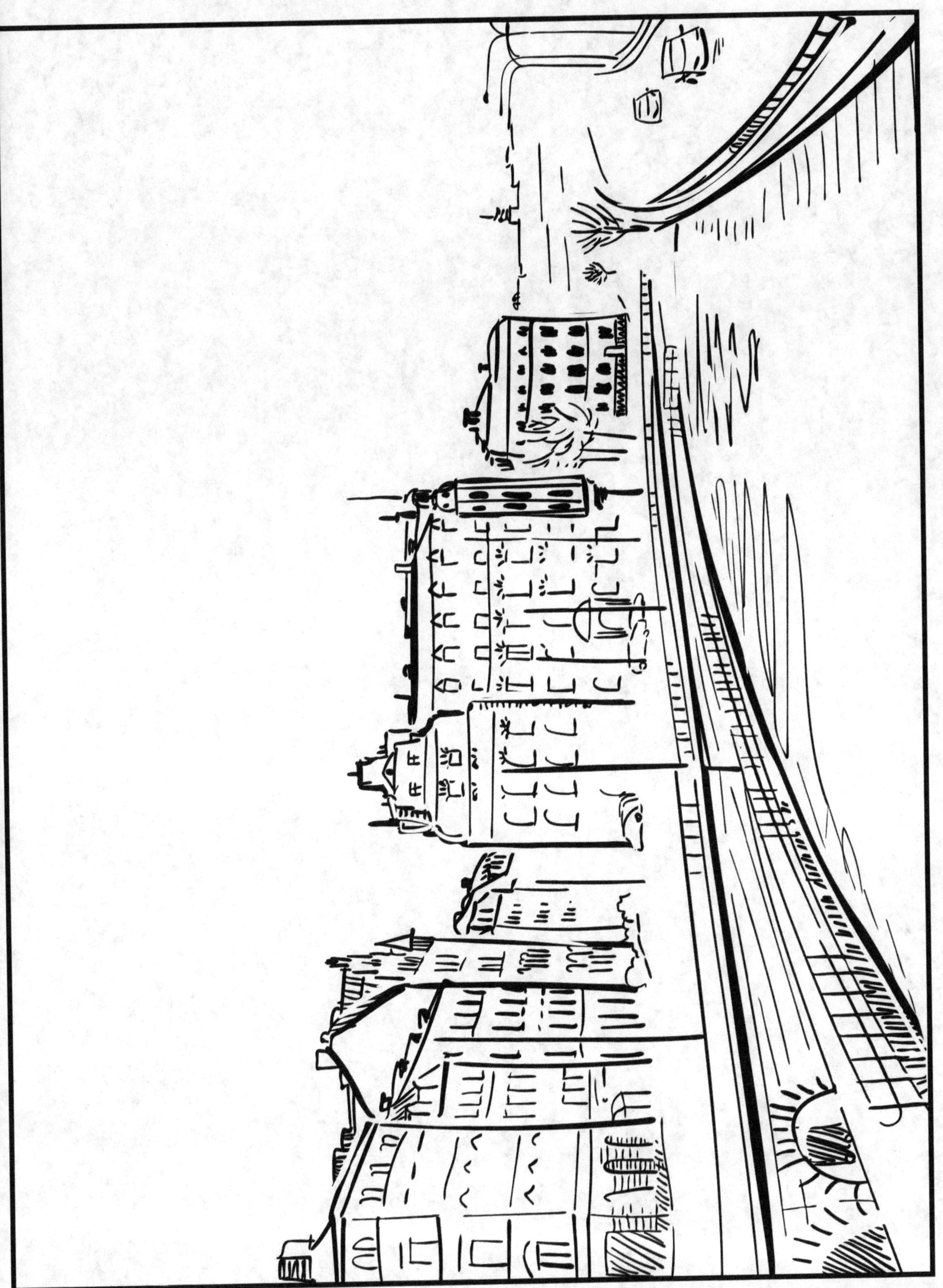

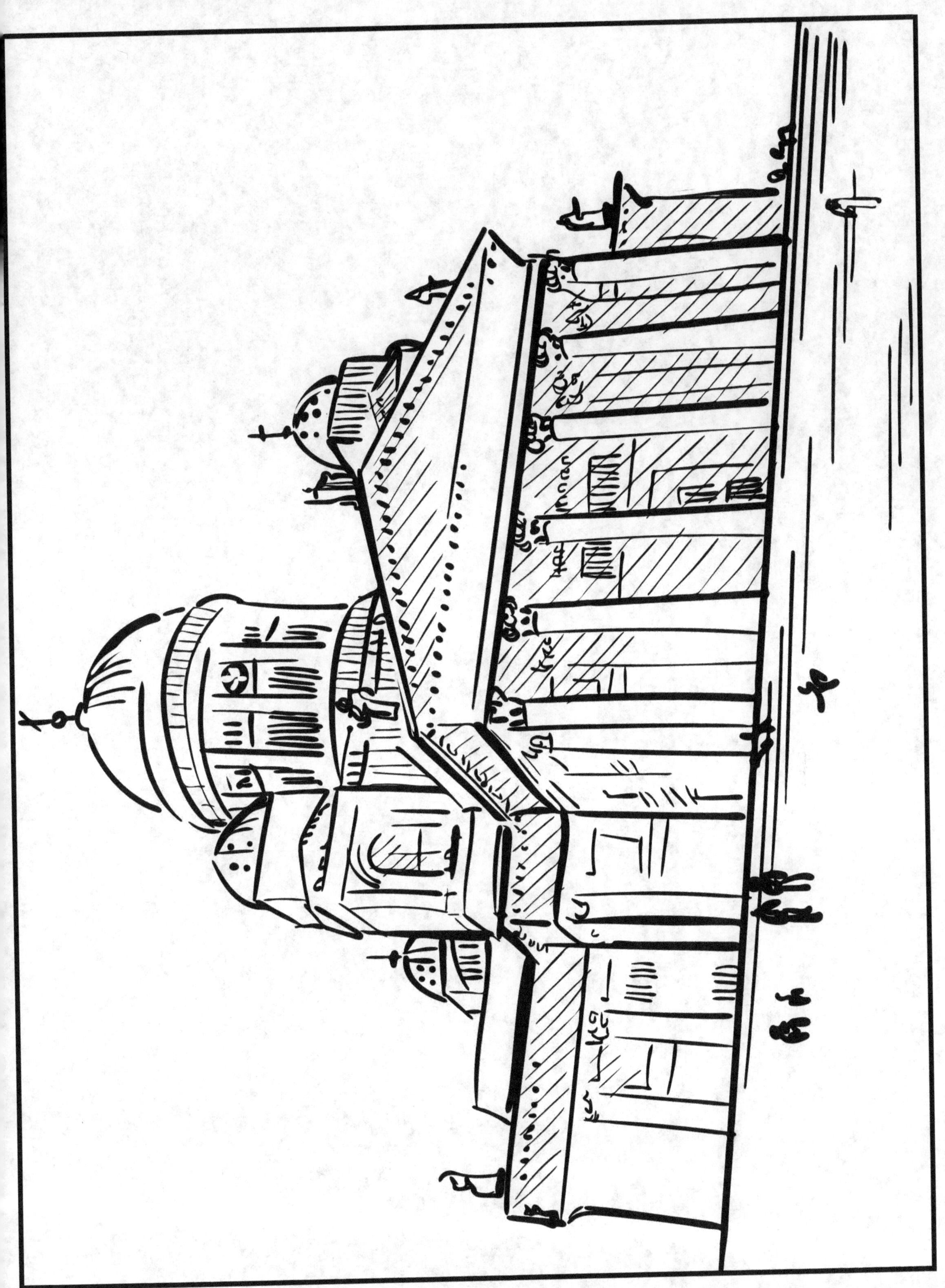

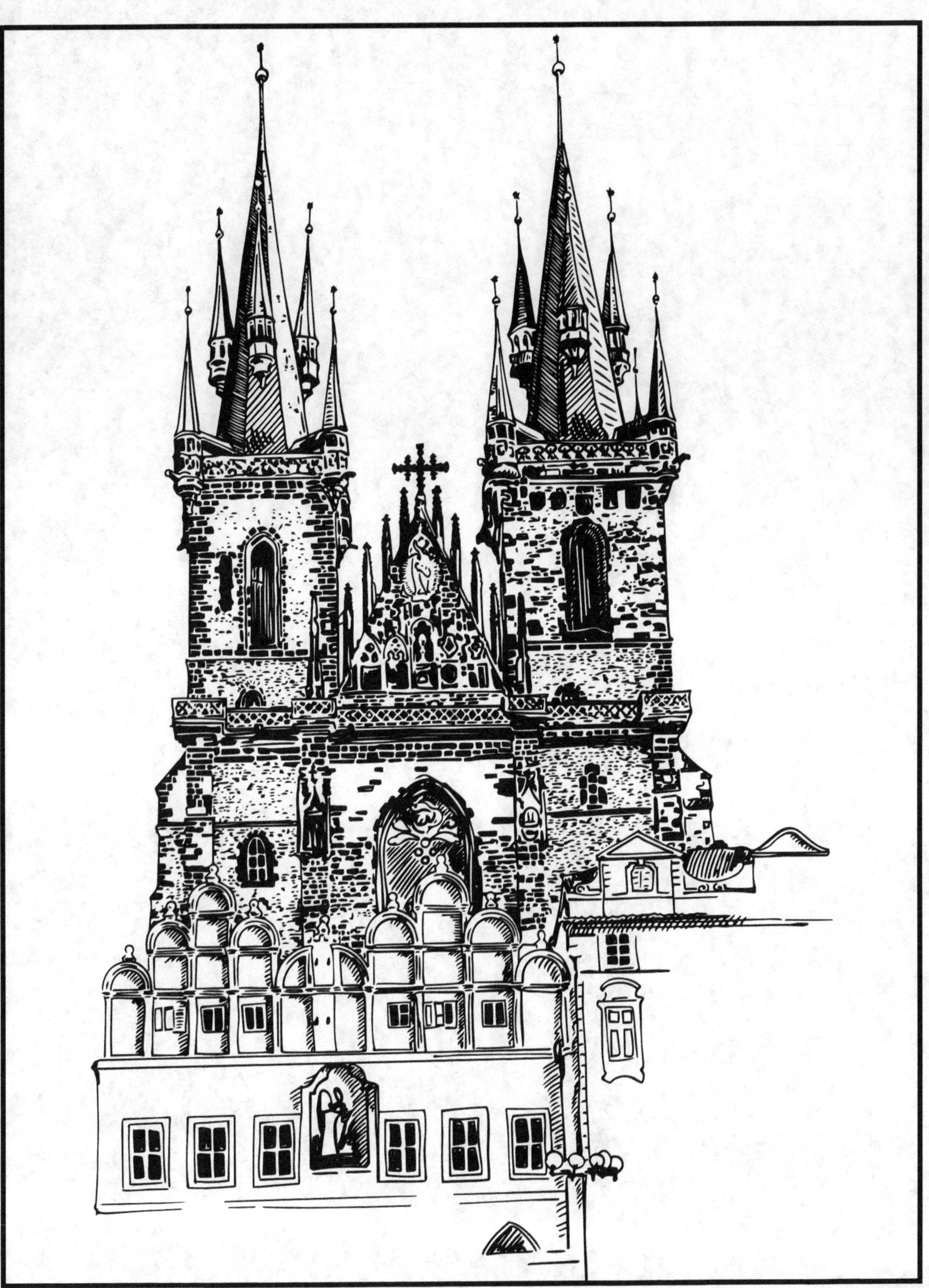

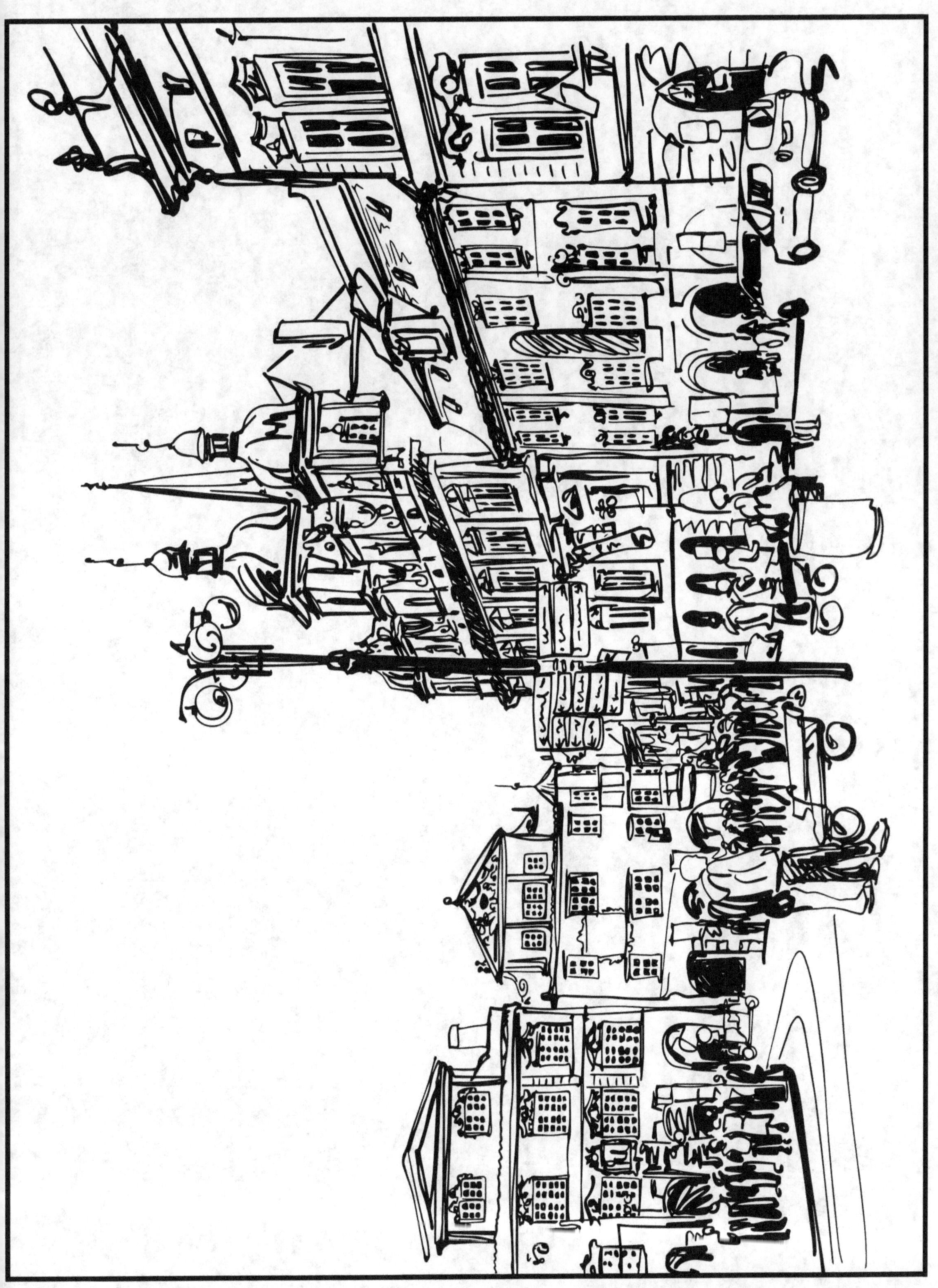

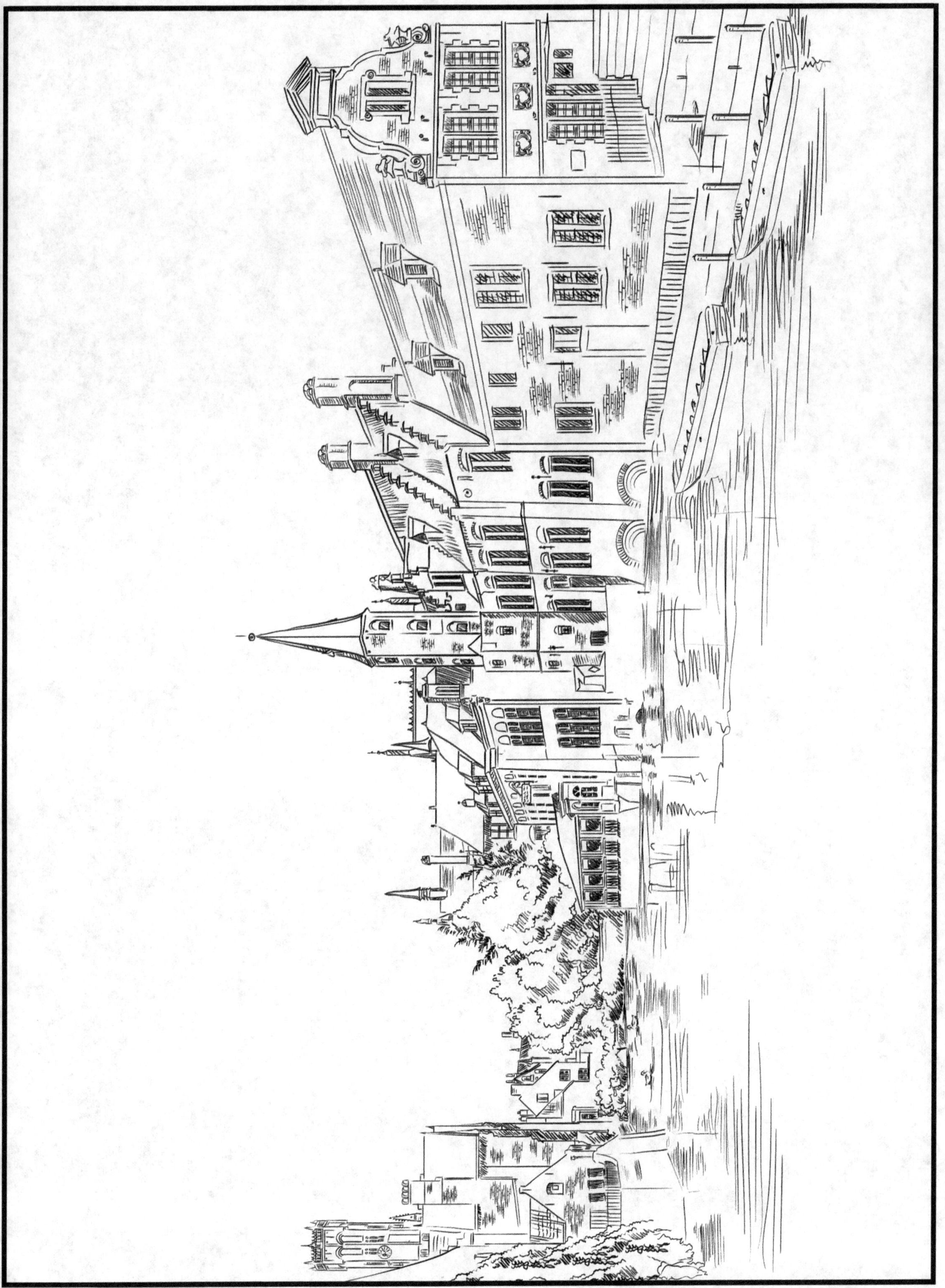

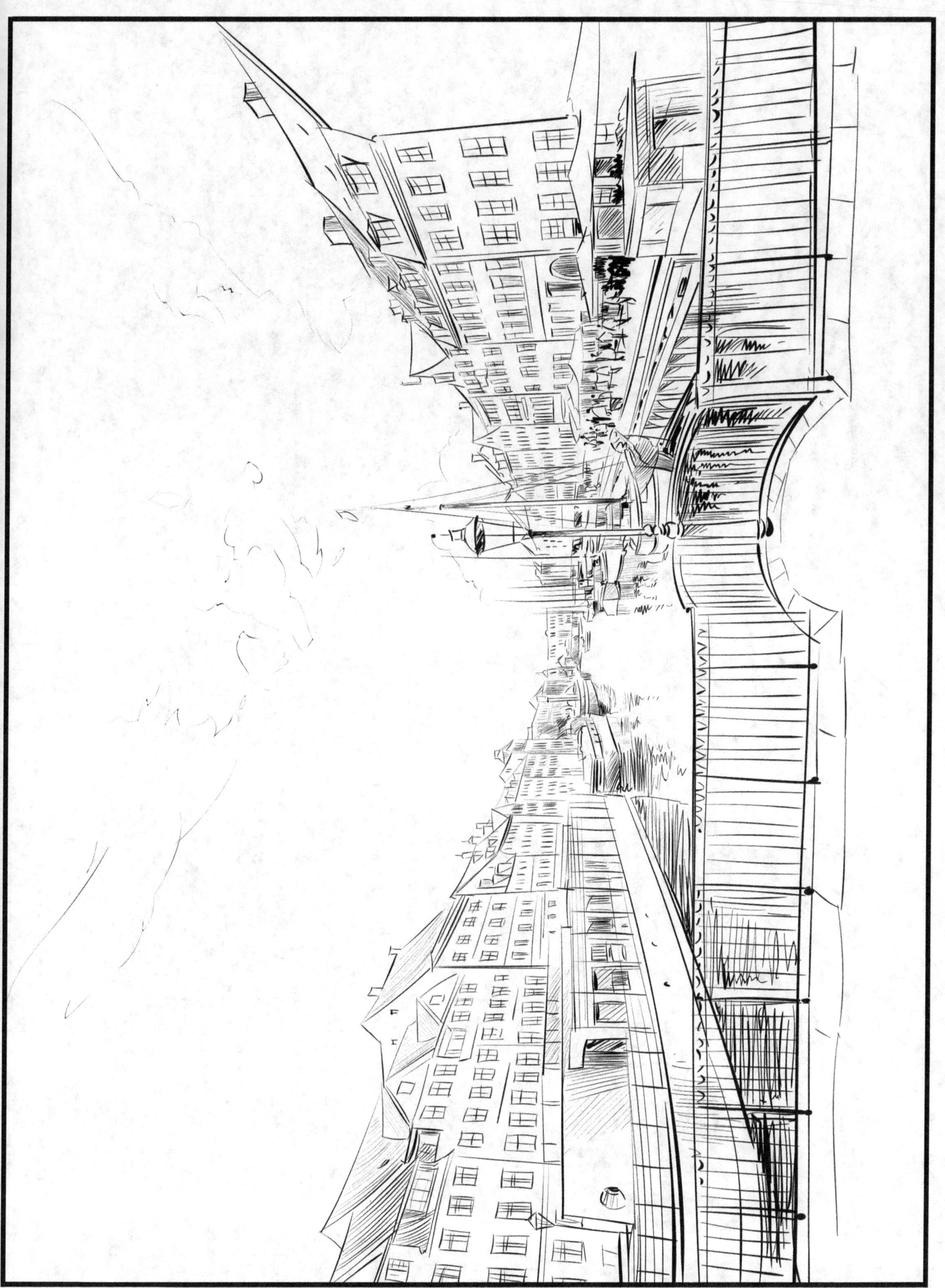

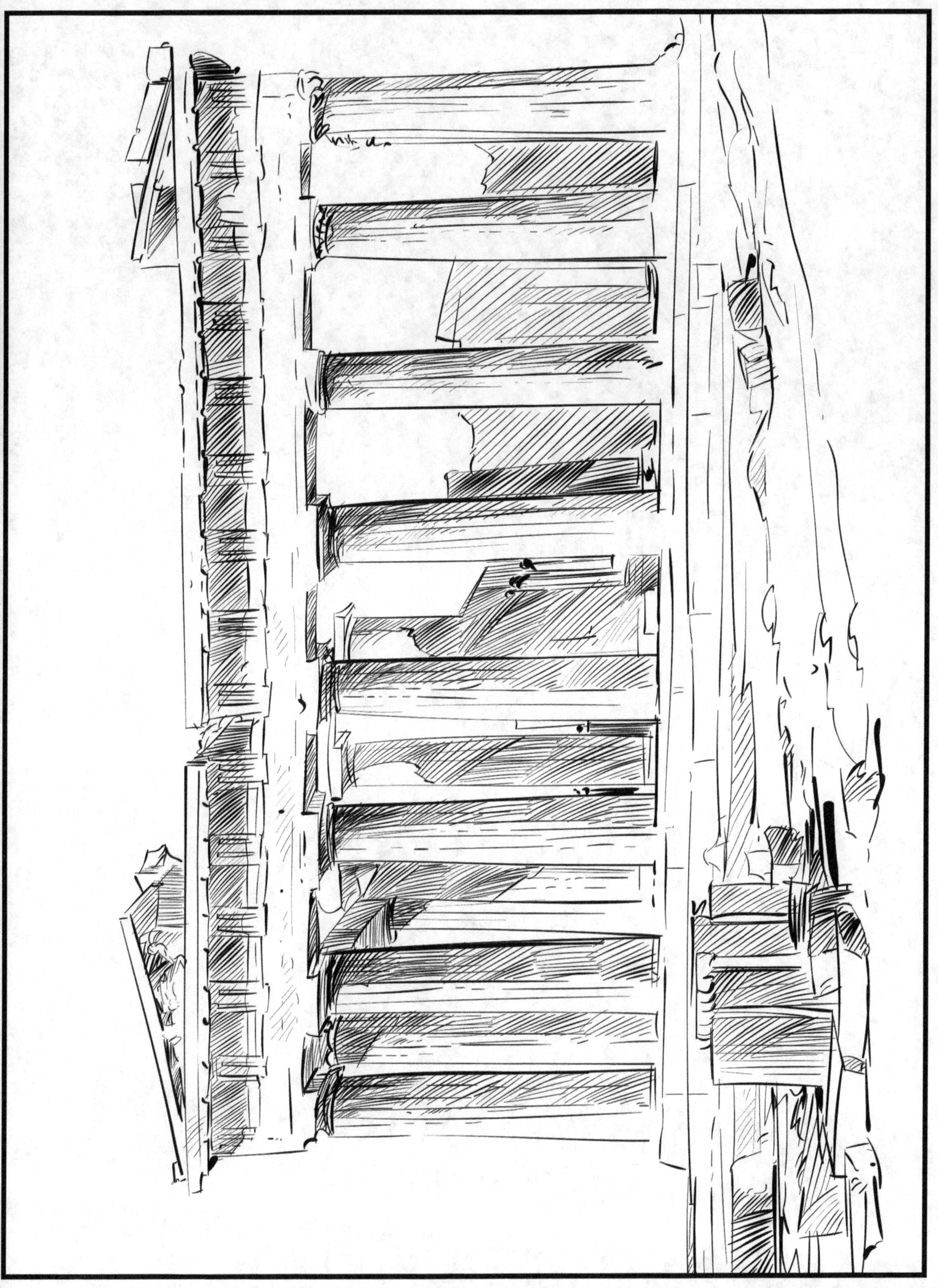

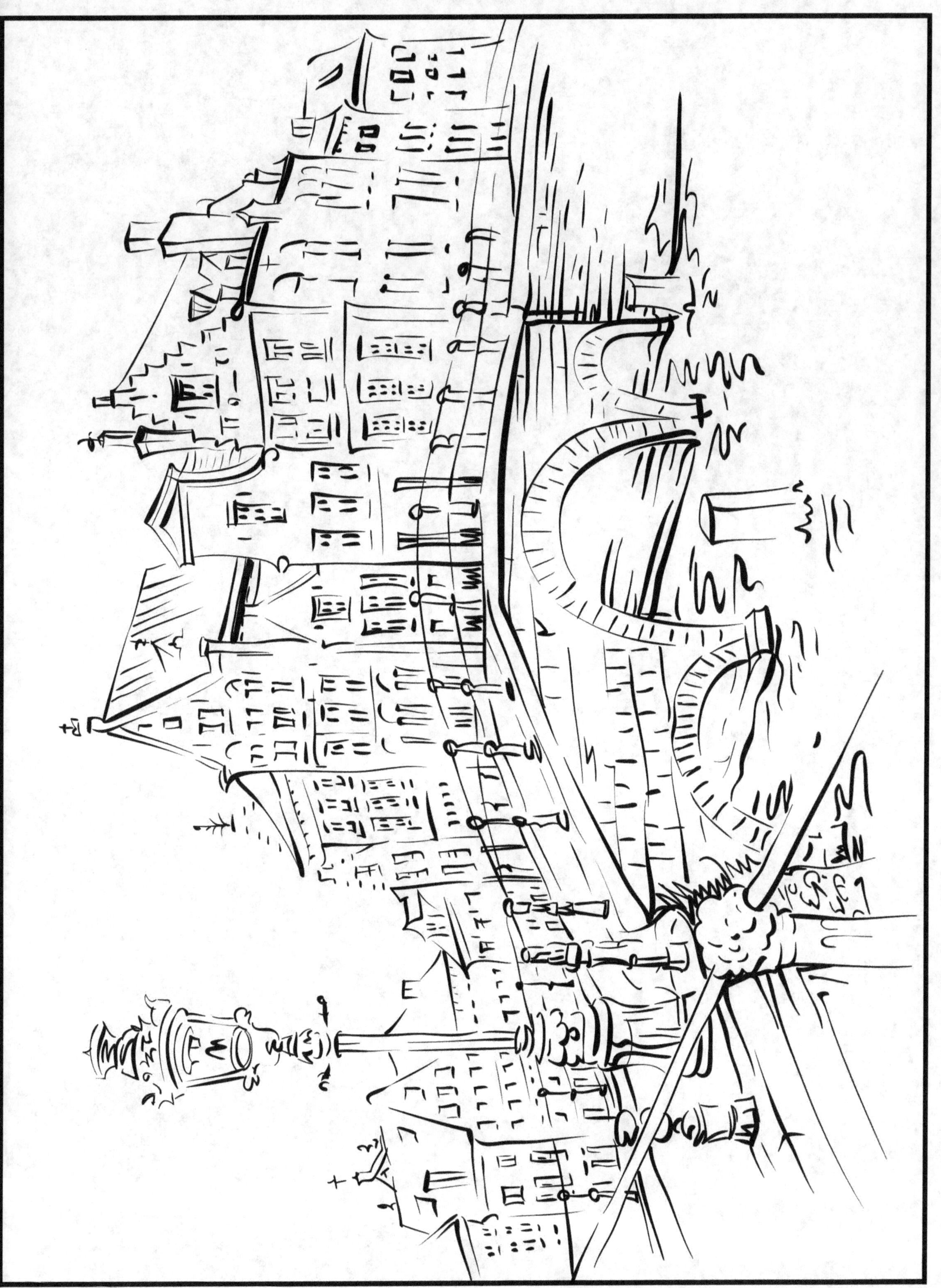

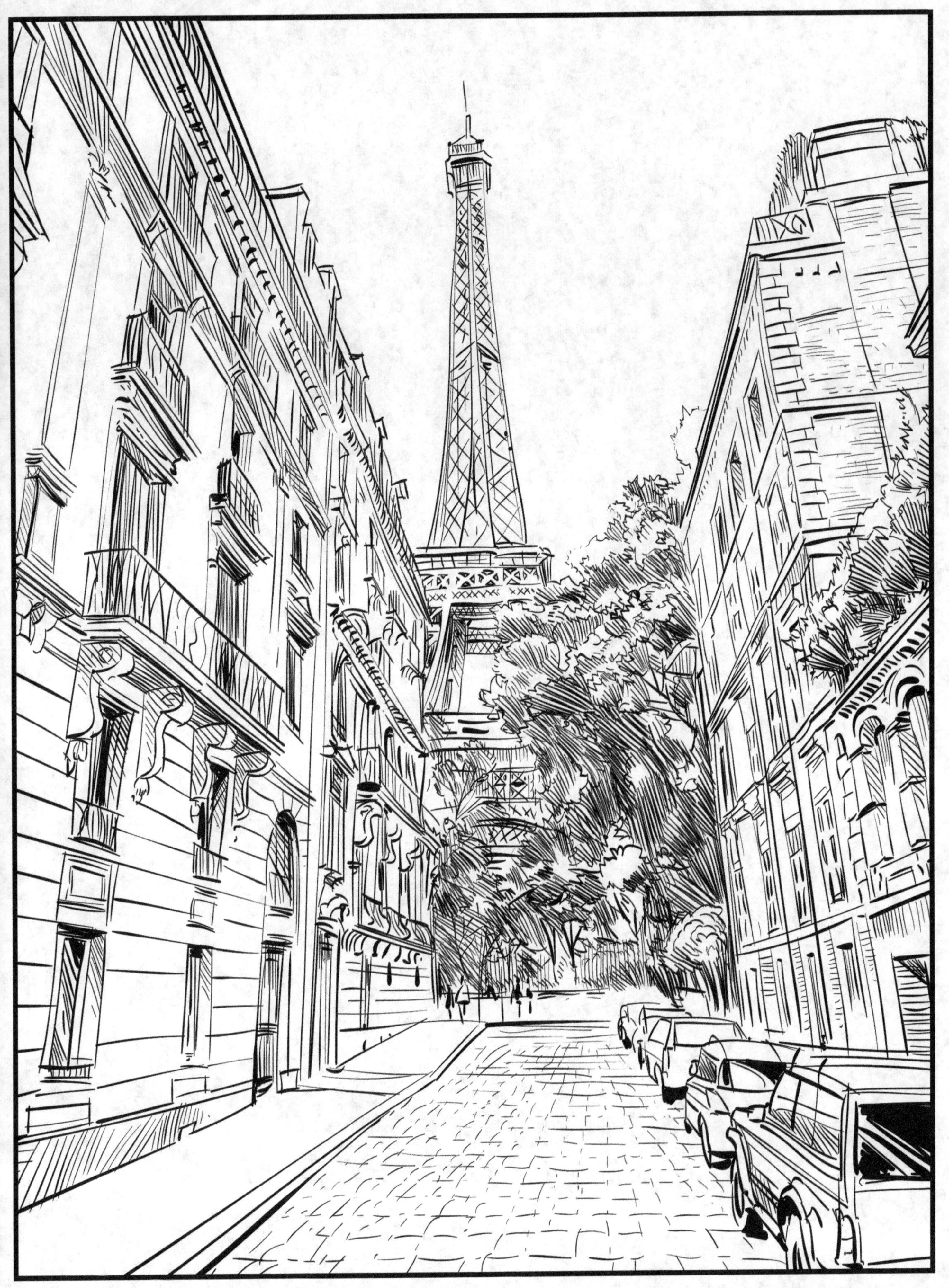

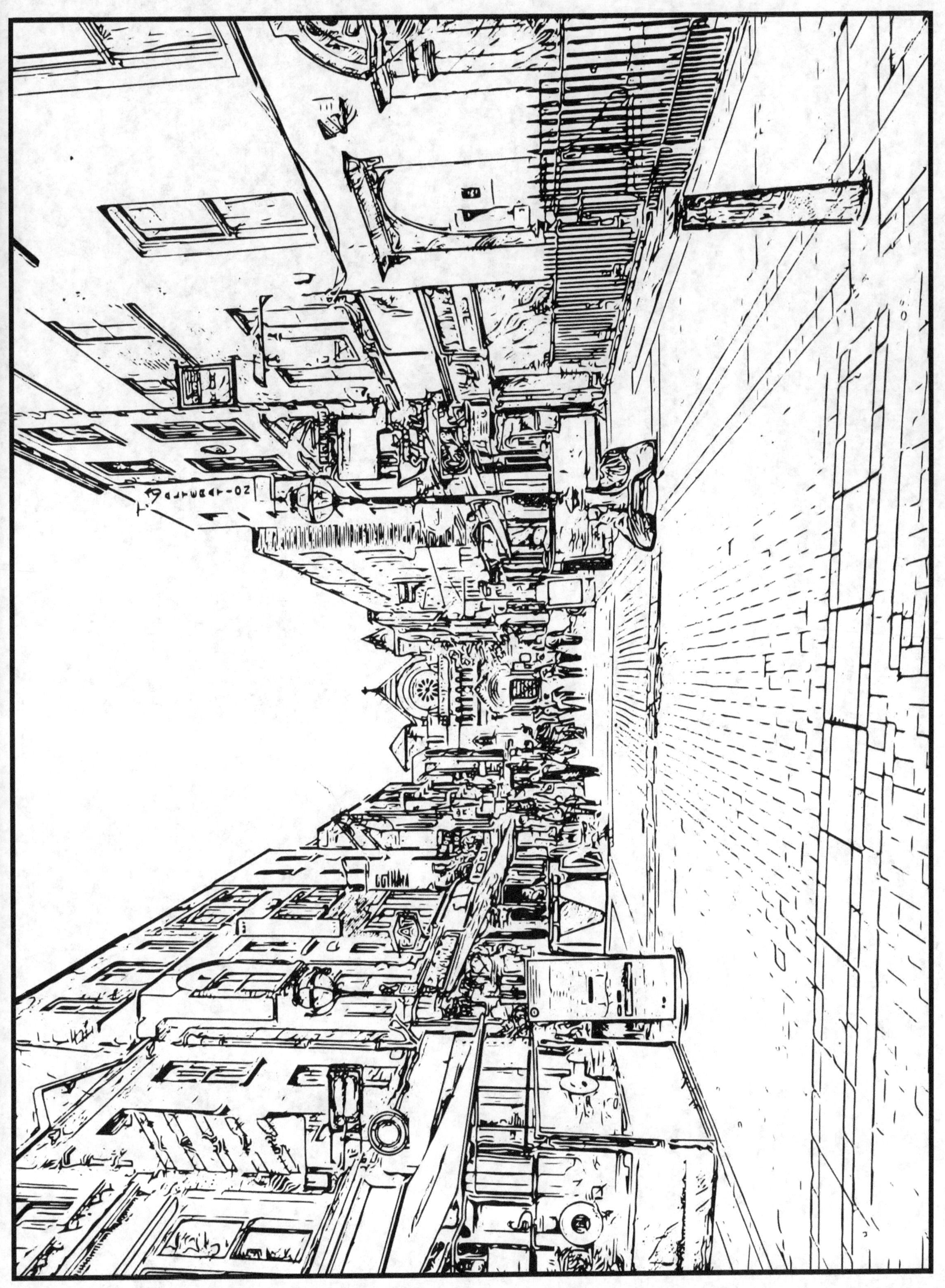

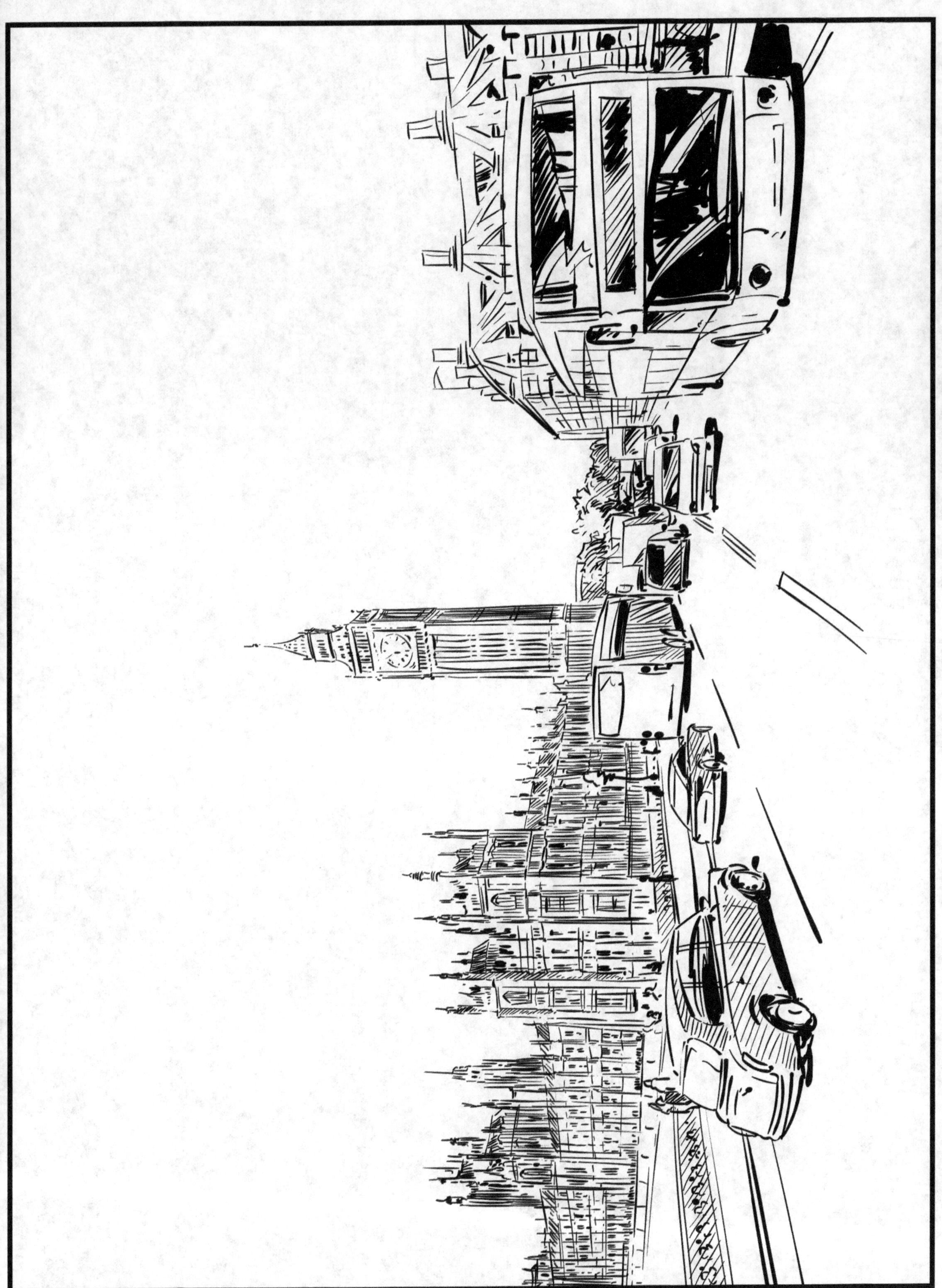

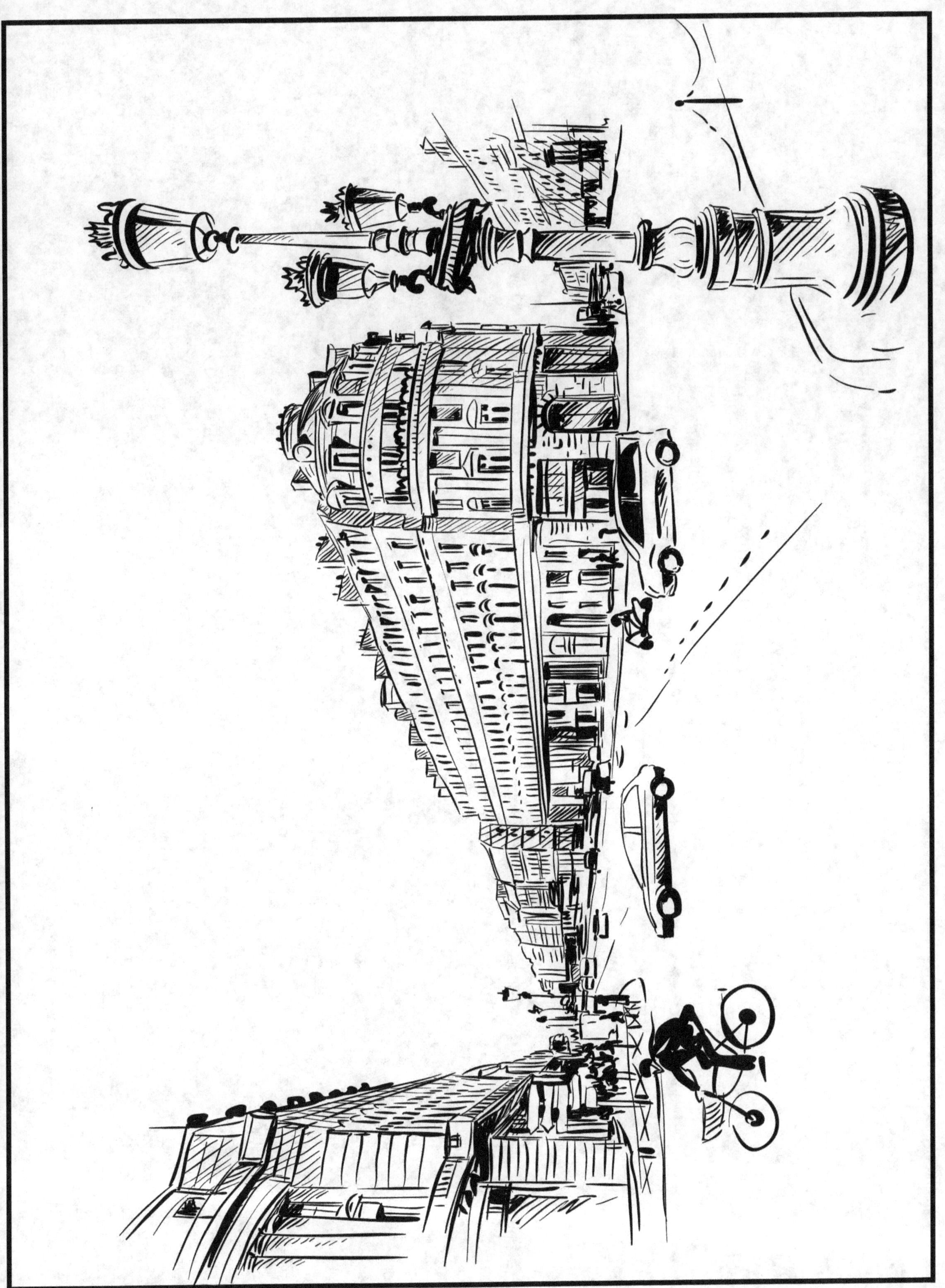

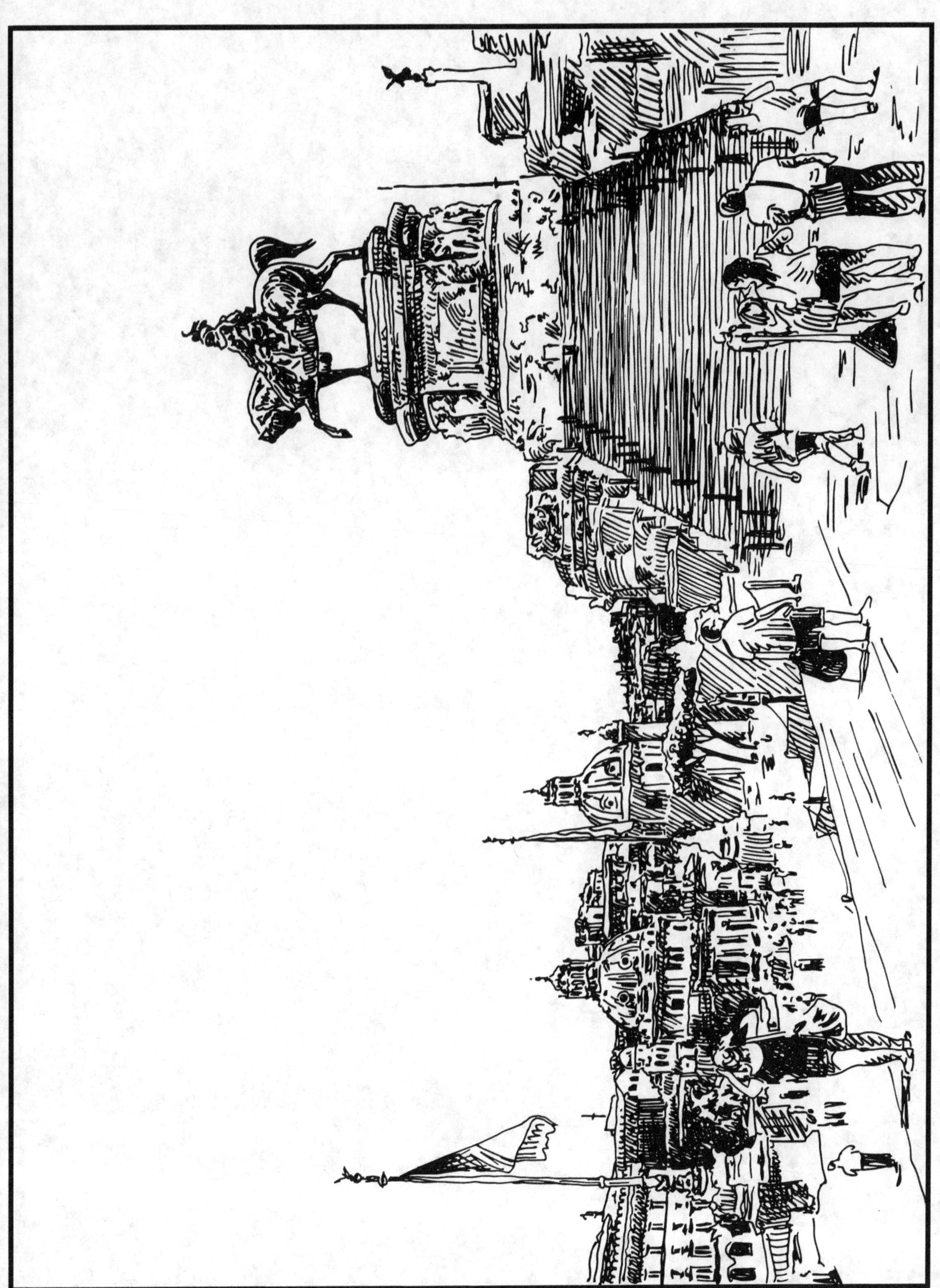

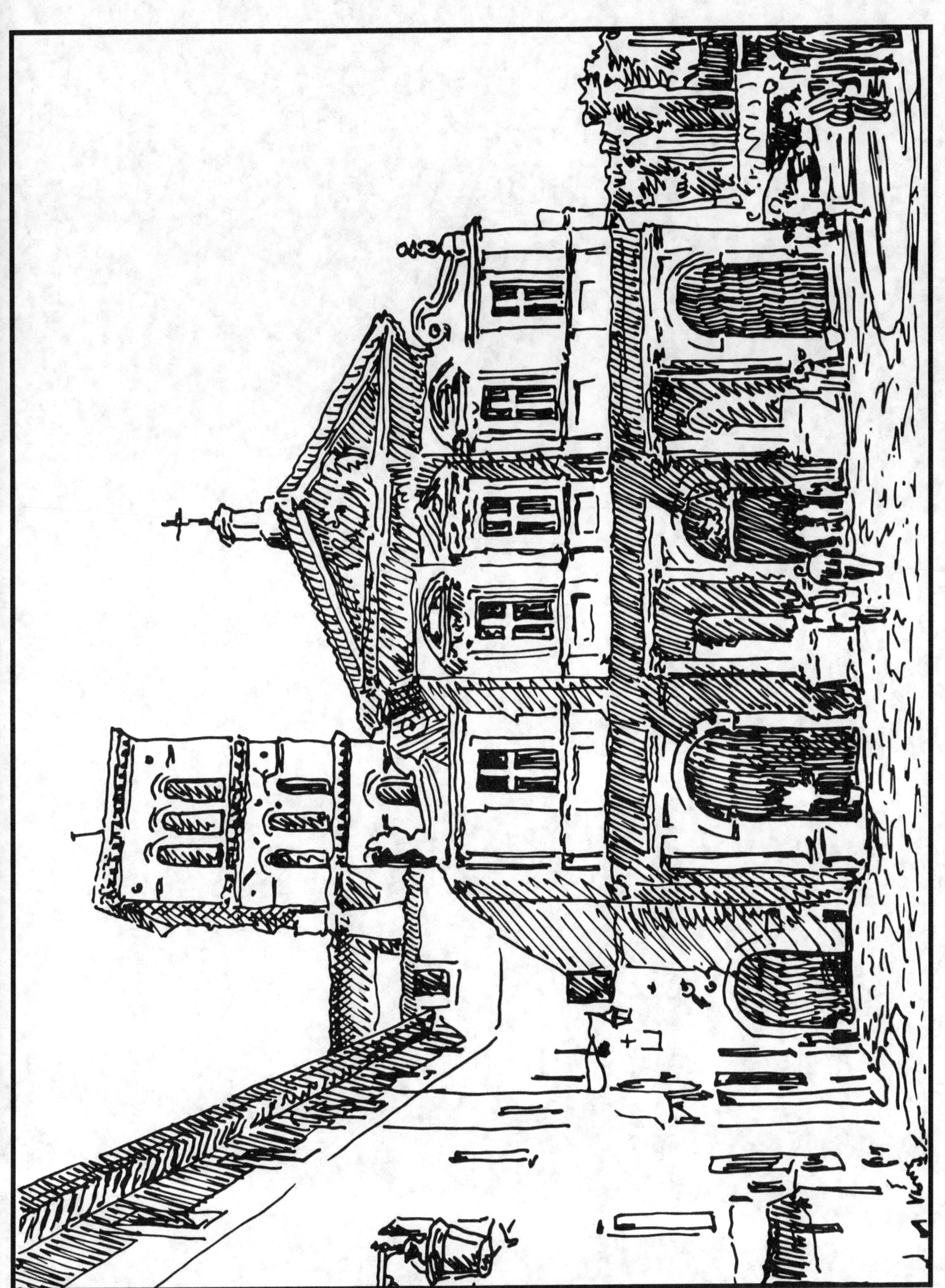

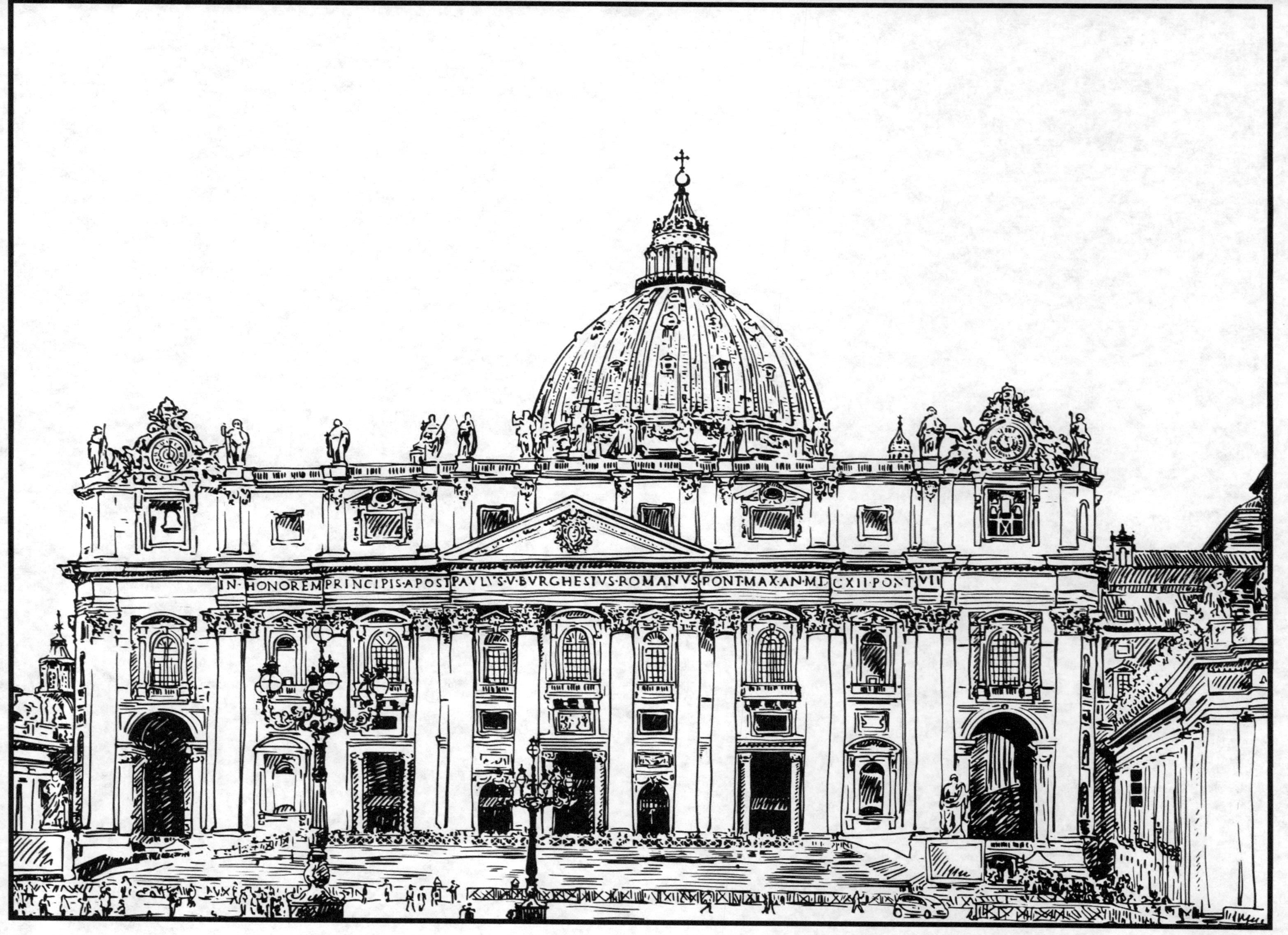
IN·HONOREM·PRINCIPIS·APOST·PAVLVS·V·BVRGHESIVS·ROMANVS·PONT·MAX·AN·MDCXII·PONT·VII

EMPLACEMENTS EN ORDRE:

1. TORRE PENDENTE DI PISA. PISE, ITALIE.
2. SANTA MARIA DELLA SALUTE. VENISE, ITALIE.
3. FONTANA DI TREVI. ROME, ITALIE.
4. GRAND THÉÂTRE. BORDEAUX, FRANCE.
5. BASILIQUE SAINT-MICHEL. BORDEAUX, FRANCE.
6. BERLINER DOM. BERLIN, ALLEMAGNE.
7. PLAZA DE ESPANA. SÉVILLE, ESPAGNE.
8. HOFBURG. ST. MICHAEL PLATZ. VIENNE, AUTRICHE.
9. ST. PETER-KIRCHE. VIENNE, AUTRICHE.
10. HOFBURG. ST. MICHAEL PLATZ. VIENNE, AUTRICHE.
11. SÖDERSTRÖM. STOCKHOLM, SUÈDE.
12. HELSINGIN KATEDRAALI. HELSINKI, FINLANDE.
13. KATEDRÁLA SV. VÍTA. PRAGUE, RÉPUBLIQUE TCHÈQUE.
14. STAROMĚSTSKÉ NÁMĚSTÍ. PRAGUE, RÉPUBLIQUE TCHÈQUE.
15. ROZENHOEDKAAI. BRUGES, BELGIQUE.
16. NYHAVN BRO. COPENHAGUE, DANEMARK.
17. PARTHENON. ATHÈNES, GRÈCE.
18. ROZENHOEDKAAI. BRUGES, BELGIQUE.
19. TOUR EIFFEL. PARIS, FRANCE.
20. GRAFTON STREET. DUBLIN, IRLANDE.
21. BIG BEN. ANGLETERRE, ROYAUME-UNI.
22. AVENUE DE L'OPÉRA. PARIS, FRANCE.
23. PIAZZA VENEZIA. ROME, ITALIE.
24. VECCHIA CITTÀ. ROME, ITALIE.
25. VATICANO. ROME, ITALIE.